城市公共交通条例

中国法治出版社

目　　录

中华人民共和国国务院令（第793号）…………（1）
城市公共交通条例……………………………（2）
司法部、交通运输部负责人就《城市公共
　交通条例》答记者问………………………（21）

中华人民共和国国务院令

第 793 号

《城市公共交通条例》已经2024年8月19日国务院第39次常务会议通过,现予公布,自2024年12月1日起施行。

总理　李强

2024年10月17日

城市公共交通条例

第一章 总 则

第一条 为了推动城市公共交通高质量发展，提升城市公共交通服务水平，保障城市公共交通安全，更好满足公众基本出行需求，促进城市现代化建设，制定本条例。

第二条 本条例所称城市公共交通，是指在城市人民政府确定的区域内，利用公共汽电车、城市轨道交通车辆等公共交通工具和有关系统、设施，按照核定的线路、站点、时间、票价等运营，为公众提供基本出行服务。

第三条 国家实施城市公共交通优先发展战略，综合采取规划、土地、财政、金融等方面措施，保障城市公共交通发展，增强城市公共交通竞争力和吸引力。

国家鼓励、引导公众优先选择公共交通作为机动化出行方式。

第四条 城市公共交通工作应当坚持中国共产党的领导，坚持以人民为中心，坚持城市公共交通公益属性，落实城市公共交通优先发展战略，构建安全、便捷、高效、绿色、经济的城市公共交通体系。

第五条 城市人民政府是发展城市公共交通的责任主体。

城市人民政府应当加强对城市公共交通工作的组织领导，落实城市公共交通发展保障措施，强化对城市公共交通安全的监督管理，统筹研究和协调解决城市公共交通工作中的重大问题。

国务院城市公共交通主管部门及其他有关部门和省、自治区人民政府应当加强对城市公共交通工作的指导。

第六条 城市人民政府应当根据城市功能定位、规模、空间布局、发展目标、公众出行需求等实际情况和特点，与城市土地和空间使用相协调，统筹各种交通方式，科学确定城市公共交通发展目标和发展模式，推动提升城市公共交通在机动化出行中的分担比例。

第七条 承担城市公共交通运营服务的企业（以

下简称城市公共交通企业）由城市人民政府或者其城市公共交通主管部门依法确定。

第八条　国家鼓励和支持新技术、新能源、新装备在城市公共交通系统中的推广应用，提高城市公共交通信息化、智能化水平，推动城市公共交通绿色低碳转型，提升运营效率和管理水平。

第二章　发展保障

第九条　城市综合交通体系规划应当明确公共交通优先发展原则，统筹城市交通基础设施建设，合理配置和利用各种交通资源，强化各种交通方式的衔接协调。城市人民政府根据实际情况和需要组织编制城市公共交通规划。

建设城市轨道交通系统的城市应当按照国家有关规定编制城市轨道交通线网规划和建设规划。

城市综合交通体系规划、城市公共交通规划、城市轨道交通线网规划和建设规划应当与国土空间规划相衔接，将涉及土地和空间使用的合理需求纳入国土空间规划实施监督系统统筹保障。

第十条　城市人民政府有关部门应当根据相关规

划以及城市发展和公众出行需求情况，合理确定城市公共交通线路，布局公共交通场站等设施，提高公共交通覆盖率。

城市人民政府应当组织有关部门开展公众出行调查，作为优化城市公共交通线路和场站布局的依据。

第十一条 新建、改建、扩建居住区、交通枢纽、学校、医院、体育场馆、商业中心等大型建设项目，应当统筹考虑公共交通出行需求；建设项目批准、核准文件要求配套建设城市公共交通基础设施的，建设单位应当按照要求建设相关设施并同步投入使用。

城市公共交通基础设施建设应当符合无障碍环境建设要求，并与适老化改造相结合。

第十二条 城市人民政府应当依法保障城市公共交通基础设施用地。城市公共交通基础设施用地符合规定条件的，可以以划拨、协议出让等方式供给。

在符合国土空间规划和用途管制要求且不影响城市公共交通功能和规模的前提下，对城市公共交通基础设施用地可以按照国家有关规定实施综合开发，支持城市公共交通发展。

第十三条 城市人民政府应当根据城市公共交通

实际和财政承受能力安排城市公共交通发展所需经费，并纳入本级预算。

国家鼓励、引导金融机构提供与城市公共交通发展相适应的金融服务，加大对城市公共交通发展的融资支持力度。

国家鼓励和支持社会资本依法参与城市公共交通基础设施建设运营，保障其合法权益。

第十四条 城市公共交通票价依法实行政府定价或者政府指导价，并建立动态调整机制。鼓励根据城市公共交通服务质量、运输距离以及换乘方式等因素，建立多层次、差别化的城市公共交通票价体系。

制定、调整城市公共交通票价，应当统筹考虑企业运营成本、社会承受能力、交通供求状况等因素，并依法履行定价成本监审等程序。

第十五条 城市公共交通企业在保障公众基本出行的前提下，可以开展定制化出行服务业务。定制化出行服务业务可以实行市场调节价。

第十六条 城市人民政府应当组织有关部门，在对城市公共交通企业开展运营服务质量评价和成本费用年度核算报告审核的基础上，综合考虑财政承受能力、企业增收节支空间等因素，按照规定及时给予补贴补偿。

第十七条 城市人民政府可以根据实际情况和需要，按照统筹公共交通效率和整体交通效率、集约利用城市道路资源的原则，设置公共交通专用车道，并实行科学管理和动态调整。

第三章 运营服务

第十八条 城市人民政府城市公共交通主管部门应当通过与城市公共交通企业签订运营服务协议等方式，明确城市公共交通运营有关服务标准、规范、要求以及运营服务质量评价等事项。

城市公共交通企业应当遵守城市公共交通运营有关服务标准、规范、要求等，加强企业内部管理，不断提高运营服务质量和效率。

城市公共交通企业不得将其运营的城市公共交通线路转让、出租或者变相转让、出租给他人运营。

第十九条 城市公共交通企业应当按照运营服务协议或者城市人民政府城市公共交通主管部门的要求配备城市公共交通车辆，并按照规定设置车辆运营服务标识。

第二十条　城市公共交通企业应当通过便于公众知晓的方式，及时公开运营线路、停靠站点、运营时间、发车间隔、票价等信息。鼓励城市公共交通企业通过电子站牌、出行信息服务系统等信息化手段为公众提供信息查询服务。

第二十一条　城市公共交通企业应当加强运营调度管理，在保障安全的前提下提高运行准点率和运行效率。

第二十二条　城市公共交通企业不得擅自变更运营线路、停靠站点、运营时间或者中断运营服务；因特殊原因需要临时变更运营线路、停靠站点、运营时间或者暂时中断运营服务的，除发生突发事件或者为保障运营安全等采取紧急措施外，应当提前向社会公告，并向城市人民政府城市公共交通主管部门报告。

第二十三条　因大型群众性活动等情形出现公共交通客流集中、正常运营服务安排难以满足需求的，城市公共交通企业应当按照城市人民政府城市公共交通主管部门的要求，及时采取增开临时班次、缩短发车间隔、延长运营时间等措施，保障运营服务。

第二十四条　乘客应当按照票价支付票款；对拒

不支付票款的，城市公共交通企业可以拒绝其进站乘车。

城市公共交通企业应当依照法律、法规和国家有关规定，对相关群体乘坐公共交通工具提供便利和优待。

第二十五条　城市公共交通企业应当建立运营服务质量投诉处理机制并向社会公布，及时妥善处理乘客提出的投诉，并向乘客反馈处理结果；乘客对处理结果不满意的，可以向城市人民政府城市公共交通主管部门申诉，城市人民政府城市公共交通主管部门应当及时作出答复。乘客也可以直接就运营服务质量问题向城市人民政府城市公共交通主管部门投诉。

第二十六条　城市人民政府城市公共交通主管部门应当定期组织开展城市公共交通企业运营服务质量评价，并将评价结果向社会公布。

第二十七条　未经城市人民政府同意，城市公共交通企业不得终止运营服务；因破产、解散终止运营服务的，应当提前30日向城市人民政府城市公共交通主管部门报告，城市人民政府城市公共交通主管部门应当及时采取指定临时运营服务企业、调配运营车辆等措施，确保运营服务不中断；需要重新确定承担城市公共交通运营服务企业的，城市人民政府或者其城市公共交通主管部门应当按照规定及时确定。

第四章 安全管理

第二十八条 城市公共交通企业应当遵守有关安全生产的法律、法规和标准，落实全员安全生产责任，建立健全安全生产管理制度和安全生产责任制，保障安全经费投入，构建安全风险分级管控和隐患排查治理双重预防机制，增强突发事件防范和应急能力。

第二十九条 城市公共交通建设工程的勘察、设计、施工、监理应当遵守有关建设工程管理的法律、法规和标准。

城市公共交通建设工程涉及公共安全的设施应当与主体工程同步规划、同步建设、同步投入使用。

第三十条 城市公共交通企业投入运营的车辆应当依法经检验合格，并按照国家有关标准配备灭火器、安全锤以及安全隔离、紧急报警、车门紧急开启等安全设备，设置明显的安全警示标志。

城市公共交通企业应当按照国家有关标准对车辆

和有关系统、设施设备进行维护、保养，确保性能良好和安全运行。

利用城市公共交通车辆或者设施设备设置广告的，应当遵守有关广告管理的法律、法规，不得影响城市公共交通运营安全。

第三十一条　城市公共交通企业直接涉及运营安全的驾驶员、乘务员、调度员、值班员、信号工、通信工等重点岗位人员（以下统称重点岗位人员），应当符合下列条件：

（一）具有履行岗位职责的能力；

（二）无可能危及运营安全的疾病；

（三）无暴力犯罪和吸毒行为记录；

（四）国务院城市公共交通主管部门规定的其他条件。

除符合前款规定条件外，城市公共汽电车驾驶员还应当取得相应准驾车型机动车驾驶证，城市轨道交通列车驾驶员还应当按照国家有关规定取得相应职业准入资格。

第三十二条　城市公共交通企业应当定期对重点岗位人员进行岗位职责、操作规程、服务规范、安全防范和应急处置基本知识等方面的培训和考核，经考核合格的方可上岗作业。培训和考核情况应当建档备查。

城市公共交通企业应当关注重点岗位人员的身体、心理状况和行为习惯，对重点岗位人员定期组织体检，加强心理疏导，及时采取有效措施防范重点岗位人员身体、心理状况或者行为异常导致运营安全事故发生。

城市公共交通企业应当合理安排驾驶员工作时间，防止疲劳驾驶。

第三十三条　城市公共交通企业应当依照有关法律、法规的规定，落实对相关人员进行安全背景审查、配备安保人员和相应设施设备等安全防范责任。

第三十四条　城市公共交通企业应当加强对客流状况的日常监测；出现或者可能出现客流大量积压时，应当及时采取疏导措施，必要时可以采取临时限制客流或者临时封站等措施，确保运营安全。

因突发事件或者设施设备故障等原因危及运营安全的，城市公共交通企业可以暂停部分区段或者全线网运营服务，并做好乘客疏导和现场秩序维护等工作。乘客应当按照城市公共交通企业工作人员的指挥和引导有序疏散。

第三十五条　乘客应当遵守乘车规范，维护乘车秩序。

乘客不得携带易燃、易爆、毒害性、放射性、腐蚀性以及其他可能危及人身和财产安全的危险物品进站乘车；乘客坚持携带的，城市公共交通企业应当拒绝其进站乘车。

城市轨道交通运营单位应当按照国家有关规定，对进入城市轨道交通车站的人员及其携带物品进行安全检查；对拒不接受安全检查的，应当拒绝其进站乘车。安全检查应当遵守有关操作规范，提高质量和效率。

第三十六条　任何单位和个人不得实施下列危害城市公共交通运营安全的行为：

（一）非法拦截或者强行上下城市公共交通车辆；

（二）非法占用城市公共交通场站或者出入口；

（三）擅自进入城市轨道交通线路、车辆基地、控制中心、列车驾驶室或者其他禁止非工作人员进入的区域；

（四）向城市公共交通车辆投掷物品或者在城市轨道交通线路上放置障碍物；

（五）故意损坏或者擅自移动、遮挡城市公共交通站牌、安全警示标志、监控设备、安全防护设备；

（六）在非紧急状态下擅自操作有安全警示标志的安全设备；

（七）干扰、阻碍城市公共交通车辆驾驶员安全驾驶；

（八）其他危害城市公共交通运营安全的行为。

城市公共交通企业发现前款规定行为的，应当及时予以制止，并采取措施消除安全隐患，必要时报请有关部门依法处理。

第三十七条　城市人民政府有关部门应当按照职责分工，加强对城市公共交通运营安全的监督管理，建立城市公共交通运营安全工作协作机制。

第三十八条　城市人民政府城市公共交通主管部门应当会同有关部门制定城市公共交通应急预案，报城市人民政府批准。

城市公共交通企业应当根据城市公共交通应急预案，制定本单位应急预案，报城市人民政府城市公共交通主管部门、应急管理部门备案，并定期组织演练。

城市人民政府应当加强城市公共交通应急能力建设，组织有关部门、城市公共交通企业和其他有关单位联合开展城市公共交通应急处置演练，提高突发事件应急处置能力。

第三十九条　城市人民政府应当健全有关部门与城市公共交通企业之间的信息共享机制。城市人民政府城市公共交通主管部门、城市公共交通企业应当加强与有关部门的沟通，及时掌握气象、自然灾害、公共安全等方面可能影响城市公共交通运营安全的信息，并采取有针对性的安全防范措施。有关部门应当予以支持、配合。

第四十条　城市人民政府应当将城市轨道交通纳入城市防灾减灾规划，完善城市轨道交通防范水淹、火灾、冰雪、雷击、风暴等设计和论证，提高城市轨道交通灾害防范应对能力。

第四十一条　城市轨道交通建设单位组织编制城市轨道交通建设工程可行性研究报告和初步设计文件，应当落实国家有关公共安全和运营服务的要求。

第四十二条　城市轨道交通建设工程项目依法经验收合格后，城市人民政府城市公共交通主管部门应当组织开展运营前安全评估，通过安全评估的方可投入运营。城市轨道交通建设单位和运营单位应当按照国家有关规定办理建设和运营交接手续。

城市轨道交通建设工程项目验收以及建设和运营交接的管理办法由国务院住房城乡建设主管部门会同国务院城市公共交通主管部门制定。

第四十三条　城市人民政府应当组织有关部门划定城市轨道交通线路安全保护区，制定安全保护区管理制度。

在城市轨道交通线路安全保护区内进行作业的，应当征得城市轨道交通运营单位同意。作业单位应当制定和落实安全防护方案，并在作业过程中对作业影响区域进行动态监测，及时发现并消除安全隐患。城市轨道交通运营单位可以进入作业现场进行巡查，发现作业危及或者可能危及城市轨道交通运营安全的，应当要求作业单位采取措施消除安全隐患或者停止作业。

第四十四条　城市人民政府城市公共交通主管部门应当定期组织开展城市轨道交通运营安全第三方评估，督促运营单位及时发现并消除安全隐患。

第五章　法律责任

第四十五条　城市公共交通企业以外的单位或者

个人擅自从事城市公共交通线路运营的,由城市人民政府城市公共交通主管部门责令停止运营,没收违法所得,并处违法所得1倍以上5倍以下的罚款;没有违法所得或者违法所得不足1万元的,处1万元以上5万元以下的罚款。

城市公共交通企业将其运营的城市公共交通线路转让、出租或者变相转让、出租给他人运营的,由城市人民政府城市公共交通主管部门责令改正,并依照前款规定处罚。

第四十六条 城市公共交通企业有下列行为之一的,由城市人民政府城市公共交通主管部门责令改正;拒不改正的,处1万元以上5万元以下的罚款:

(一)未遵守城市公共交通运营有关服务标准、规范、要求;

(二)未按照规定配备城市公共交通车辆或者设置车辆运营服务标识;

(三)未公开运营线路、停靠站点、运营时间、发车间隔、票价等信息。

第四十七条 城市公共交通企业擅自变更运营线路、停靠站点、运营时间的,由城市人民政府城市公共交通主管部门责令改正;拒不改正的,处1万元以上5万元以下的罚款。

城市公共交通企业擅自中断运营服务的，由城市人民政府城市公共交通主管部门责令改正；拒不改正的，处5万元以上20万元以下的罚款。

城市公共交通企业因特殊原因变更运营线路、停靠站点、运营时间或者暂时中断运营服务，未按照规定向社会公告并向城市人民政府城市公共交通主管部门报告的，由城市人民政府城市公共交通主管部门责令改正，可以处1万元以下的罚款。

第四十八条 城市公共交通企业违反本条例规定，未经城市人民政府同意终止运营服务的，由城市人民政府城市公共交通主管部门责令改正；拒不改正的，处10万元以上50万元以下的罚款。

第四十九条 城市公共交通企业有下列行为之一的，由城市人民政府城市公共交通主管部门责令改正，可以处5万元以下的罚款，有违法所得的，没收违法所得；拒不改正的，处5万元以上20万元以下的罚款：

（一）利用城市公共交通车辆或者设施设备设置广告，影响城市公共交通运营安全；

（二）重点岗位人员不符合规定条件或者未按照

规定对重点岗位人员进行培训和考核，或者安排考核不合格的重点岗位人员上岗作业。

第五十条　在城市轨道交通线路安全保护区内进行作业的单位有下列行为之一的，由城市人民政府城市公共交通主管部门责令改正，暂时停止作业，可以处5万元以下的罚款；拒不改正的，责令停止作业，并处5万元以上20万元以下的罚款；造成城市轨道交通设施损坏或者影响运营安全的，并处20万元以上100万元以下的罚款：

（一）未征得城市轨道交通运营单位同意进行作业；

（二）未制定和落实安全防护方案；

（三）未在作业过程中对作业影响区域进行动态监测或者未及时消除发现的安全隐患。

第五十一条　城市人民政府及其城市公共交通主管部门、其他有关部门的工作人员在城市公共交通工作中滥用职权、玩忽职守、徇私舞弊的，依法给予处分。

第五十二条　违反本条例规定，构成违反治安管理行为的，由公安机关依法给予治安管理处罚；构成犯罪的，依法追究刑事责任。

第六章　附　则

第五十三条　用于公共交通服务的城市轮渡，参照本条例的有关规定执行。

第五十四条　城市人民政府根据城乡融合和区域协调发展需要，统筹推进城乡之间、区域之间公共交通一体化发展。

第五十五条　本条例自2024年12月1日起施行。

司法部、交通运输部负责人就《城市公共交通条例》答记者问

2024年10月17日，国务院总理李强签署国务院令，公布《城市公共交通条例》（以下简称《条例》），自2024年12月1日起施行。日前，司法部、交通运输部负责人就《条例》的有关问题回答了记者提问。

问：请简要介绍一下《条例》的出台背景。

答：城市公共交通是保障人民群众日常基本出行的社会公益性事业，具有集约高效、节能环保等特点。优先发展公共交通是转变城市交通发展方式、提升人民群众生活品质、提高政府基本公共服务水平、促进城市现代化建设的必然要求。党中央、国务院历来高度重视城市公共交通发展，党的二十届三中全会明确要求完善基本公共服务制度体系，加强普惠性、基础性、兜底性民生建设。随着我国经济社会发展和城市公共交通优先发展战略的实施，城市公共交通服

务供给不断优化、服务能力持续提升,人民群众日常出行获得感、幸福感、安全感日益增强。与此同时,我国城市公共交通发展也面临不少问题挑战,特别是政策保障不完全到位,制约城市公共交通发展质效甚至影响城市公共交通服务的持续、稳定提供;城市公共交通服务水平有待进一步提高,竞争力和吸引力尚需增强;城市公共交通运营安全事故时有发生,安全管理需要持续强化。针对上述问题挑战,制定专门行政法规,为推动城市公共交通高质量发展、更好满足人民群众高品质出行需要、促进城市现代化建设提供有力法治保障,具有重大的意义。

问:制定《条例》的总体思路是什么?

答:《条例》制定坚持以习近平新时代中国特色社会主义思想为指导,深入贯彻落实党的二十大和二十届三中全会精神,坚持以人民为中心的发展思想,把党中央、国务院关于城市公共交通优先发展的决策部署转化为法规制度,在总体思路上主要把握了三点:一是准确把握城市公共交通基本公共服务的公益属性和定位,全面落实城市公共交通优先发展战略。二是聚焦城市公共交通发展中的突出问题,重点围绕发展保障、运营服务、安全管理等方面完善制度设计，着力增强针对性和实效性。三是着重明确城市公共交通发展需要在国家层面统一规范和指引的事项，为地方自主管理特别是城市人民政府履行公共交通发展主体责任留出空间。

问：《条例》如何压实城市公共交通发展的主体责任？

答：《条例》明确规定，城市人民政府是发展城市公共交通的责任主体，应当加强对城市公共交通工作的组织领导，落实城市公共交通发展保障措施，强化对城市公共交通安全的监督管理，统筹研究和协调解决城市公共交通工作中的重大问题。同时，按照权责一致的原则，明确城市公共交通发展目标和发展模式由城市人民政府根据城市功能定位、规模、空间布局、发展目标、公众出行需求等实际情况和特点科学确定，承担城市公共交通运营服务的企业由城市人民政府或者其城市公共交通主管部门依法确定。国务院城市公共交通主管部门及其他有关部门和省、自治区人民政府应当加强对城市公共交通工作的指导。

问：《条例》从哪些方面支持和保障城市公共交通发展？

答：《条例》专设"发展保障"一章，对支持和保障城市公共交通发展作了较为全面、系统的规定。一是加强规划调控，规定城市综合交通体系规划应当明确公共交通优先发展原则；根据实际情况和需要编制城市公共交通规划；合理确定城市公共交通线路，布局公共交通场站等设施，提高公共交通覆盖率；要求大型建设项目统筹考虑公共交通出行需求。二是保障用地需求，明确城市公共交通基础设施用地可以以划拨、协议出让等方式供给，并可以按照规定实施综合开发，支持城市公共交通发展。三是健全投融资机制，明确城市人民政府应当安排公共交通发展所需经费并纳入本级预算；鼓励引导金融机构加大融资支持力度，鼓励和支持社会资本依法参与城市公共交通基础设施建设运营。四是完善票价体系，鼓励建立多层次、差别化的城市公共交通票价体系，明确城市公共交通企业可以开展定制化出行服务业务。五是落实补贴政策，规定综合考虑财政承受能力、企业增收节支空间等因素，按照规定及时给予补贴补偿。六是保障优先通行，明确可以根据实际情况和需要设置公共交通专用车道。

问：《条例》如何推动优化城市公共交通运营服务？

答：优化城市公共交通运营服务，进一步提升服务质量和水平，是增强城市公共交通竞争力和吸引力的关键所在。为此，《条例》明确规定城市公共交通企业应当遵守运营有关服务标准、规范、要求等，加强企业内部管理，不断提高运营服务质量和效率；通过便于公众知晓的方式及时公开运营服务信息，加强运营调度管理，提高运行准点率和运行效率；不得擅自变更运营线路、停靠站点、运营时间或者中断运营服务，出现客流集中情况时及时采取措施保障运营服务；按规定对相关群体提供便利和优待；建立运营服务质量投诉处理机制，定期组织开展城市公共交通企业运营服务质量评价；未经城市人民政府同意不得终止运营服务。

问：《条例》在强化城市公共交通安全管理方面作了哪些规定？

答：为持续强化城市公共交通安全管理，《条例》从四个方面规定了一系列制度措施。一是明确城市公共交通企业保障运营安全的主体责任，包括建立健全安全生产管理制度和安全生产责任制，保障安全经费投入；投入运营的车辆依法经检验合格、配备安全设备并按规定维护、保养；驾驶员等直接涉及运营安全的重点岗位人员具备相应条件并经考核合格后上岗作业；客流大量积压时及时采取疏导措施；制定本单位应急预案并定期组织演练；及时掌握气象、自然灾害、公共安全等方面可能影响运营安全的信息并采取安全防范措施等。二是要求乘客遵守乘车规范，不得携带可能危及人身和财产安全的危险物品进站乘车；按照国家有关规定对进入城市轨道交通车站的人员及其携带物品实行安全检查；以列举方式明确危害城市公共交通运营安全的禁止性行为。三是要求城市人民政府有关部门加强对城市公共交通运营安全的监督管理，建立工作协作机制，制定应急预案，城市人民政府健全有关部门与城市公共交通企业之间的信息共享机制。四是针对城市轨道交通安全实际情况，对城市轨道交通纳入城市防灾减灾规划、建设工程项目运营前安全评估、线路安全保护区管理以及定期开展运营安全第三方评估等事项作了明确规定。

问：《条例》如何适应城乡融合发展的需要？

答：随着城乡融合和区域协调发展，城市公共交通服务不断向农村地区延伸，并拓展到相邻城市之间。为贯彻落实党的二十届三中全会关于完善城乡融合发展体制机制的决策部署，《条例》明确规定城市人民政府根据城乡融合和区域协调发展需要，统筹推进城乡之间、区域之间公共交通一体化发展；同时在城市公共交通的定义中，将城市公共交通覆盖的地域范围界定为"城市人民政府确定的区域"，通过具有弹性的规定为城乡和区域公共交通一体化发展留出了制度空间。

问：为确保《条例》顺利实施，有关方面还将开展哪些工作？

答：《条例》是我国城市公共交通领域的第一部行政法规，确保《条例》顺利实施、落地落实，有很多工作要做。当前，有关方面将着重开展三方面工作：一是持续抓好宣传实施。采取多种形式对《条例》进行宣传解读，帮助有关部门工作人员、城市公共交通企业等有关各方更好地掌握《条例》内容，为《条例》顺利实施营造良好环境。二是及时跟进配套制度建设。制修订《条例》配套规章制度，指导地方建立健全城市公共交通法规和政策体系，进一步细化《条例》相关规定。三是加强监督检查。《条例》对深入实施城市公共交通优先发展战略、强化发展保障、优化运营服务、加强安全管理等作了明确规定，下一步将以《条例》施行为契机，加大执法监督力度，严格依法查处违法行为，切实把《条例》规定落到实处。

城市公共交通条例

CHENGSHI GONGGONG JIAOTONG TIAOLI

经销/新华书店
印刷/保定市中画美凯印刷有限公司
开本/850 毫米×1168 毫米　32 开　　　　　印张/1　字数/12 千
版次/2024 年 10 月第 1 版　　　　　　　　2024 年 10 月第 1 次印刷

中国法治出版社出版
书号 ISBN 978-7-5216-4692-4　　　　　　　定价：5.00 元

北京市西城区西便门西里甲 16 号西便门办公区
邮政编码：100053　　　　　　　　　传真：010-63141600
网址：http：//www.zgfzs.com　　　编辑部电话：010-63141673
市场营销部电话：010-63141612　　印务部电话：010-63141606

(如有印装质量问题，请与本社印务部联系。)